Ulli Schubert

Lesepiraten
Schülergeschichten

Illustrationen von Iris Hardt

Loewe

Bibliografische Information Der Deutschen Bibliothek

Die Deutsche Bibliothek verzeichnet diese Publikation in der Deutschen Nationalbibliografie; detaillierte bibliografische Daten sind im Internet über http://dnb.ddb.de abrufbar.

Der Umwelt zuliebe ist dieses Buch auf chlorfrei gebleichtem Papier gedruckt.

ISBN 3-7855-4780-3 – 1. Auflage 2003

Umschlagillustration: Iris Hardt
Reihengestaltung: Angelika Stubner

www.loewe-verlag.de

Inhalt

Klassenfest

Daniel läuft
über den Schulhof.
Seit Tagen freut er sich
auf das Klassenfest.
Das Klassenzimmer
ist bereits geschmückt.
Es sieht aus
wie ein Raumschiff
und Daniel
wie ein Außerirdischer.

Mama hat das Kostüm genäht,
extra für das Fest.
Daniel reißt die Tür auf,
stürmt in das Schulgebäude
und rennt die Treppen hinauf.
Immer vier Stufen auf einmal.

Und plötzlich passiert es:
Es macht *knack* und *ritsch* –
und es wird kalt
an Daniels Hintern.

Oh nein, die Hose ist geplatzt!
Wie peinlich!
Daniel ist den Tränen nahe.
Im Klassenraum
setzt er sich schnell
auf seinen Platz.
Und nichts und niemand
kann ihn dazu bringen,
wieder aufzustehen!

Seine Freunde nicht,
die natürlich fragen,
was mit ihm los ist.
Der leckere Saft
und die Knabbersachen nicht,
die er sich ja selbst
holen müsste.
Nicht die tollen Spiele
und auch nicht die Musik,
die Daniel wirklich super findet!

„Eigentlich könnte ich auch
nach Hause gehen“,
denkt er enttäuscht,
als die Klassenlehrerin Frau Schmidt
verkündet,
dass sie einen russischen Tanz
vorführen wird.

Sie geht in die Hocke,
und im selben Moment
macht es *knack* und *ritsch*!
Alle fangen an zu lachen.

Und Frau Schmidt
lacht am allerlautesten!
„Merkwürdig“,
wundert sich Daniel.

Doch schließlich traut auch er sich.
Er steht auf und zeigt allen
seine geplatzte Hose.
Und dann wird es doch noch
ein richtig tolles Klassenfest!

Der Neue

Es ist große Pause.
Lukas, Ole und Ralf stehen
in der hintersten Ecke
des Schulhofs.
Zusammen mit dem Neuen.

Warum er mitgekommen ist,
wissen die drei nicht.
Vielleicht will er sich ja
mit ihnen anfreunden.
Aber so einfach geht das nicht.
Zuerst müssen die drei nämlich
mehr über ihn erfahren.
Florian heißt er.

Mehr verrät er nicht.
Der Neue redet nicht viel.
Es ist, als ob ihn
ein großes Geheimnis umgibt.
„Wo kommst du her?“,
fragt Lukas.

„Aus Duisburg“,
antwortet Florian knapp.
„Warum seid ihr umgezogen?“,
will Ralf wissen.
„Wegen Papa.“

„Hat dein Papa hier
eine neue Arbeit gefunden?“
Florian antwortet nicht.
„Was macht denn dein Vater?“,
bohrt Ralf weiter nach.
Wieder sagt der Neue nichts.
Da wird es Ole zu dumm.
„Kommt, lasst den doch“,
sagt er zu Lukas und Ralf.

„Vielleicht schämt er sich ja,
weil sein Papa
keine Arbeit hat!“
„Genau!“, ruft Ralf.
„Oder er schämt sich,
weil er keinen Papa hat!“
Da platzt dem Neuen der Kragen.
„Ha, von wegen!“,
zischt er.

„Ich habe einen Papa!
Er ist Einbrecher,
und wir sind auf der Flucht
vor der Polizei.
Deshalb sind wir umgezogen!“
Er dreht sich um
und lässt Lukas, Ole und Ralf
einfach stehen.
Die drei starren ihm hinterher.

„Ob das wahr ist?“,
fragt Ole flüsternd.
Doch die Antwort kennt keiner.
Außer Florian, dem Neuen!

Und der steht
hinter einem Busch,
beobachtet die drei
und lacht sich kaputt!

Beim Schulzahnarzt

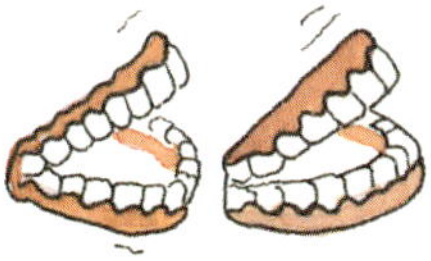

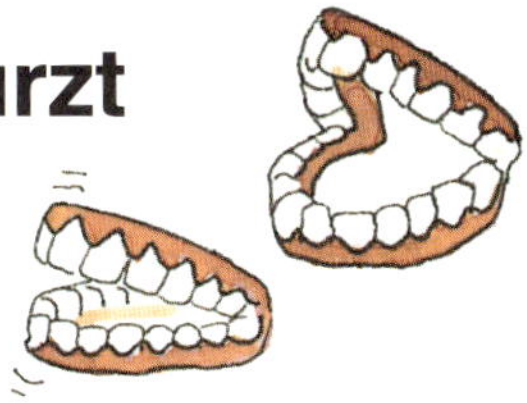

Heute ist der Zahnarzt
in Erhans Klasse.
Die meisten Kinder
fürchten sich
vor der Untersuchung.
Nur Erhan nicht!
Das behauptet er jedenfalls.

„Hast du echt keine Angst?“,
fragt Sarah.
Erhan schüttelt den Kopf.
„Auch nicht vor diesem
gemeinen, spitzen Ding?“,
fragt Torben.
„Iiieeh!“, ruft Nadine.

„Meinst du etwa diesen Haken,
mit dem der Zahnarzt immer
zwischen den Zähnen kratzt?“
Torben nickt.
„Damit sucht er nach Löchern“,
erklärt er
und sieht Erhan prüfend an.

„Davor hast du
wirklich keine Angst?“
Trotzig schüttelt Erhan
den Kopf.
Wie gut, dass niemand merkt,
wie viel Angst er tatsächlich hat.
Vor allem vor dem Kratzhaken.
Doch er hat auch einen Plan.
Und wenn der klappt,
lässt ihn der Zahnarzt
ganz bestimmt in Ruhe!

„Hallo, Erhan,
ich bin Doktor Schmidt",
sagt der Zahnarzt,
als Erhan an der Reihe ist.
„Bitte, nimm Platz."
Erhan setzt sich
in den Behandlungsstuhl
und lehnt den Kopf zurück.

Während der Zahnarzt
seine Geräte zusammensucht,
steckt Erhan schnell
noch etwas in den Mund:
ein gruseliges Vampirgebiss!

Als er den Mund
ganz weit aufmacht,
lässt Doktor Schmidt
vor Schreck den Spiegel
mitsamt dem Kratzhaken fallen!
Doch dann muss er lachen.
„Klasse Zähne“, lobt er.
„Da bin ich ja gespannt,
ob deine echten
auch so gut sind.“

Erhan seufzt.
„So ein Mist!“, denkt er.
„Der Plan ging voll daneben!“
Aber zum Glück
findet Dr. Schmidt
kein einziges Loch.
Und auch der Kratzhaken
tut überhaupt nicht weh ...!

Der Angeber

Tim ist ein Angeber.
Ständig prahlt er damit,
dass er einfach alles weiß.

Deshalb kann ihn keiner
besonders leiden.
Heute schreibt Bennis Klasse
eine Arbeit.

Und ausgerechnet neben Tim
muss Benni sitzen.
Aber das macht nichts.
Denn dieses Mal
hat Benni extra gelernt.
Die Mühe hat sich gelohnt.
Zu jeder Frage
fällt ihm eine Antwort ein.

Das ist auch gut so,
denn von Tim könnte Benni
keine Hilfe erwarten.
Tim hat noch nie jemanden
abschreiben lassen.

Er sagt kein Wort,
und normalerweise legt er
seinen Arm auch noch so hin,
dass niemand etwas sehen kann.
Das ist echt gemein!

Aber heute ist alles anders.
„He, hast du
die vorletzte Frage schon?“,
flüstert Tim auf einmal Benni zu.
Benni zögert.

Er hat schon längst
alle Fragen beantwortet.
Doch warum sollte er gerade Tim
die Lösung verraten?
Dem größten Besserwisser
aller Zeiten?

Während Benni noch nachdenkt, taucht plötzlich Frau Lehmann vor ihm auf.

„Du hast geredet“, sagt sie.

„Dein Heft, aber dalli.

Für dich ist die Arbeit zu Ende.“

Benni schluckt.
Was soll er nur tun?
Er will Tim nicht verpetzen,
aber er will auch nicht
für etwas bestraft werden,
das er gar nicht getan hat.
„Was ist, Benni? Ich warte!“,
sagt Frau Lehmann streng.

Benni gibt nach.
„Jaja, schon gut“,
sagt er seufzend
und gibt ihr sein Heft.
Frau Lehmann blättert es durch.
„He, du bist ja schon fertig“,
sagt sie überrascht.
„Aber ... das bedeutet ja ...“
Die Lehrerin denkt kurz nach,
dann sieht sie Tim an.

„*Du* wolltest abschreiben?“,
fragt sie erstaunt.
Tim wird feuerrot
im Gesicht.

„Dein Heft, aber dalli“,
sagt Frau Lehmann jetzt
und streckt diesmal
Tim die Hand entgegen.

Klassenspiel

In der 3c
herrscht große Aufregung.
Heute steigt das Rückspiel
gegen die 3a!

Das Hinspiel hat die 3c
noch mit 2:1 gewonnen.
Aber das Rückspiel
werden sie wohl verlieren.

Mit der Mannschaftsaufstellung,
die Herr Fynn gerade
an die Tafel geschrieben hat,
auf jeden Fall!
„Wieso soll Paul ins Tor?!“,
fragt Oliver aufgebracht.
„Der hat doch Angst vorm Ball!“
Paul wird rot, aber er nickt.
Oliver sagt die Wahrheit.

Doch Herr Fynn zuckt nur
mit den Schultern.
„Im letzten Spiel
standen Jana und Maik im Tor“,
erklärt der Klassenlehrer.
„Diesmal ist eben Paul dran.“
„Und warum?“,
fragt Alexandra.
„Weil es fair ist“,
sagt Herr Fynn.

„Und deswegen spielen auch
Ute und Heiko mit?“,
fragt Jana überrascht.
„Weil es fair ist?“

„Genau“,
nickt der Klassenlehrer.
„Jeder darf mitspielen.
Habt ihr etwas dagegen?“

„Ja, denn das ist nicht fair,
sondern Blödsinn!“,
schimpft Oliver.
„Wie sollen wir bloß
mit der Mannschaft gewinnen?“

„Gewinnen oder verlieren –
kommt es denn nur darauf an?“,
fragt Herr Fynn.
„Mir schon“,
sagt Oliver.

„Mir auch“, sagt Heiko.
„Ich muss nicht mitspielen –
Hauptsache, wir gewinnen!“

„Ich kann gar nicht spielen,
ich bin nämlich verletzt“,
sagt Ute,
und zum Beweis
humpelt sie kurz
durch den Klassenraum.

„Und ich bin sowieso
viel besser im Anfeuern“,
erklärt Paul grinsend.

Herr Fynn denkt kurz nach,
dann lächelt er.
„Also gut“, gibt er nach.
„Ihr habt mich überzeugt.
Dann spielen eben nur die Besten.
Na los, raus mit euch.
Putzt sie weg, die 3a!“

Geburtstags-Party

Birte schlendert nach Hause.
Sie hat heute Geburtstag,
doch sie freut sich nicht.
Sie wird diesen Tag
nämlich allein feiern.
Ohne ihre Freunde.

„Wer kommt denn alles
aus deiner Klasse?“,
hatte Mama
vor ein paar Tagen gefragt.

„Niemand“,
hatte Birte geantwortet.
„Die spinnen plötzlich alle!
Kathrin kommt nur,
wenn ich auch Maja einlade.

Maja will,
dass auch Jana kommen darf.
Aber Kathrin und Jana
können sich nicht ausstehen!“
„Oh, ich verstehe“,
hatte Mama gesagt.
„Warte, es geht noch weiter“,
hatte Birte gemeint.

„Maike und Tamara
haben sich total gestritten.
Ich kann also nur
eine von beiden einladen."
„Und die andere wird dir dann
ein Leben lang böse sein ...",
hatte Mama mitfühlend gesagt.
„Und was ist mit den Jungs?"
„Frag bloß nicht!",
hatte Birte gestöhnt.

„Mario würde zwar kommen,
aber dann sagt Ina ab.
Sie hasst alle Jungs!
Steffi will dagegen unbedingt,
dass ich Mats einlade,
weil sie in ihn verknallt ist.
Aber er findet sie total doof!“

„Ach Birte,
das ist aber auch schwierig“,
hatte Mama gesagt.
„Was willst denn du?“

„Ich? – Meine Ruhe!“,
hatte Birte gemeint
und niemanden eingeladen!
Doch inzwischen bereut sie es.
Wer weiß,
vielleicht hätten sich
ja doch alle vertragen?!
Ausnahmsweise!

Traurig klingelt Birte an der Haustür.
Aus der Wohnung
dringen leise Geräusche,
dann wird die Tür aufgerissen.
„Überraschung!“,
schallt es Birte entgegen.
Sie staunt.

Kathrin, Maja und Jana,
Maike und Tamara,
Mario, Ina, Steffi und Mats –
alle ihre Freunde sind da!
Und im Hintergrund steht Mama.
Sie zwinkert Birte zu.
„Alles Gute zum Geburtstag,
mein Schatz!“, sagt sie.
„Und eine wunderschöne
Geburtstags-Party!“

Gruseliger Besuch

Heute ist in der Schule
ein Schriftsteller zu Gast.
Die 3a und die 3b
versammeln sich in der Aula,
wo der Mann vorlesen soll.
Nora freut sich darauf.
Sie mag seine Geschichten.

In ihrem Regal zu Hause
stehen bereits drei Bücher,
die der Mann geschrieben hat.

Und Nora ist sehr aufgeregt,
denn Frau Rabe hat gesagt,
dass sie ihm vielleicht sogar
eine Frage stellen darf.
„Nur während der Lesung
müsst ihr leise sein“,
hat die Lehrerin alle ermahnt.

Endlich ist es so weit.
Frau Rabe begrüßt den Mann.
Die Kinder klatschen,
und dann sind alle leise.
Mucksmäuschenstill.

Der Autor lächelt.
„Guten Morgen“,
sagt er und fragt die Kinder,
ob sie Gruselgeschichten mögen.
„Ja!“,
schallt es ihm einstimmig entgegen.

„Sehr gut, dann hört gut zu“,
sagt er.
Doch seine Stimme
klingt plötzlich ganz anders.
Unheimlich, wie ein Monster!
Nora läuft es eiskalt
den Rücken herunter.

Mit jedem Satz,
den der Mann vorliest,
taucht sie tiefer
in die Geschichte ein.
Die anderen
hören genauso gebannt zu.
In der Aula ist Totenstille,
und die Geschichte
wird immer unheimlicher.

Doch an der gruseligsten Stelle
klappt der Autor das Buch zu
und hält es hoch.

„Tja, und wer nun wissen will,
wie es weitergeht,
muss sich das Buch
aus der Schulbücherei ausleihen
und selbst weiterlesen!“,
sagt er und grinst.

„Nein, nicht aufhören!“,
rufen einige enttäuscht.
Doch die meisten klatschen.
Auch Nora ist begeistert.
„Das Buch muss ich haben!“,
denkt sie und meldet sich.
Denn jetzt dürfen die Kinder
dem Autor Fragen stellen!

Ulli Schubert wurde 1958 in Hamburg geboren und lebt immer noch sehr gern dort. Er liebt Fußball, den FC St. Pauli, Billard und Darts. Ulli Schubert arbeitete als Erzieher und als Sportreporter und schreibt seit 1991 Bücher für Kinder und Jugendliche.
Im Loewe Verlag erscheinen auch seine Kinderromane über die Abenteuer von *Torjäger Timo* und den *Tiger Girls & Roten Rächern*.

Mehr über Ulli Schubert erfährst du unter: *www.ulli-schubert.de*

Iris Hardt, 1971 in Essen geboren, studierte Design in Münster. Sie illustriert für verschiedene Kinder- und Schulbuchverlage. Mit einer anderen Grafikerin arbeitet sie heute in einem Atelier in Münster.

befriedigend
prima!